ÉLOGE FUNEBRE

DE MONSEIGNEUR

LE DAUPHIN.

ÉLOGE FUNÈBRE

DE TRÈS-HAUT, TRÈS-PUISSANT ET EXCELLENT PRINCE

MONSEIGNEUR

LOUIS,

DAUPHIN DE FRANCE.

Par M. l'Abbé MAURY.

Gloriæ Socium habes neminem . . . . . . illam præclariſſimam vocem invitus audivi te diù vixiſſe gloriæ. Satis, ſi ita vis : at quod maximum eſt, Patriæ certè parùm. [Cicer. pro Marcello.]

A SENS, chez TARBÉ, Imprimeur-Libraire.

A PARIS,

Chez la Veuve PIERRES & Fils, Libraires, rue S. Jacques, près de S. Yves, à S. Ambroiſe, & à la Couronne d'Epines.

M. DCC. LXVI.

ÉLOGE FUNEBRE

DE TRÈS-HAUT, TRÈS-PUISSANT

ET EXCELLENT PRINCE

MONSEIGNEUR

LOUIS,

DAUPHIN DE FRANCE.

Quæſivit bona Genti ſuæ.
Il travailla au bonheur de ſa Nation.
(Machab. chap. 14. ℣. 4.)

REMPLIR ſa deſtinée, c'eſt être
exact à tous ſes devoirs, & ſupérieur
à tous les éloges. Le bonheur des
humains eſt la gloire des Princes. Ces
ſubſtituts de la Divinité dont on cé-
lèbre la bienfaiſance, ſe conſolent du

A

fardeau du fceptre : ils ne fe plaignent pas d'avoir gouverné les Peuples, s'ils ont pû les rendre heureux. Différent de ces Princes qui ne connaiffent d'autres délices que leur puiffance, d'autres régles que leur defir, d'autre équité que la force; celui que nous pleurons, guidé par le vrai héroïfme, triompha de l'ambition. Soutenu par une véricable grandeur d'ame, il préféra la bienfaifance à l'élevation. *Quæſivit bona*, &c. Iffû du plus beau Sang du monde...... Pourquoi rappeller ce qui eft étranger à fon mérite ? en lui nous ne devons louer que lui-même, parce qu'il ne chercha fon origine qu'en Dieu. Il ne fut pas du nombre de ces Héros deftructeurs, dont l'Hiftoire eft écrite en caracteres de fang : auffi fa célébrité fera à l'épreuve du temps ; nos larmes font le fceau de fon immortalité. Les fiécles n'effaceront pas fon nom qu'il a gravé dans le temple de la gloire par fes bienfaits ; nos neveux l'admireront comme nous : l'Hiftoire juftifiera notre admiration & nos larmes. On célébrera dans la poftérité la plus reculée un Prince exempt des faibleffes qui font l'appanage de la grandeur, écueil ordinaire de la modération; un Prince vertueux par fentiment, politique par devoir, bienfaifant par inclination ; un Prince enfin qui jouit du plaifir délicieux d'être aimé des hommes, qui égale prefque celui de les rendre heureux. Puiffé-je, en célébrant l'ami de l'humanité, faire rentrer cette belle vertu dans fes droits, & les aveugles humains dans leur devoir ! LOUIS confacra fon enfance à travailler à notre édification; Louis a confacré le refte de fa vie à procurer notre bonheur. Modéle & bienfaiteur des humains, il mérite l'éloge que j'ai emprunté de l'Hiftorien facré. *Quæfivit bona genti fuæ.*

Tandis qu'un lugubre cyprés l'environne, couvrons fon tombeau des mêmes lauriers qui devaient le couronner. Oh, qui me donnera de louer un tel Prince dignement! ma douleur peut-être : je n'écouterai qu'elle dans l'Éloge que je confacre à la mémoire de Très-haut, Très-puiffant & Excellent Prince, MONSEIGNEUR LOUIS, DAUPHIN DE FRANCE.

PREMIERE PARTIE.

L'INSTABILITÉ des chofes humaines porte un caractere qui peint bien le néant de notre origine. Il femble que le dernier période de la grandeur foit l'époque néceffaire des difgraces, & que par une efpéce de fatalité, plus les États font brillants, plus ils font voifins de leur décadence. La France devint une feconde Rome fous le fiécle immmortel du Grand Augufte qui regnait fur elle. La gloire de la Nation éclipfa fes rivales fous l'empire de ce Roi éclairé dans fes choix, magnifique dans fes récompenfes. Ce Héros était deftiné à braver les revers, il devait éprouver fon courage fur lui-même, & triompher de l'adverfité qui venait lui rappeller qu'il

A iij

était homme. Je vois nos armées en
déroute; la victoire prend fon effor,
& quitte nos étendarts qui l'avaient
fi long-temps fixée. L'adverfité nous
pourfuit; parmi les malheurs dont
elle afflige Louis le Grand, la mort
eft fon inftrument le plus terrible;
elle frappe les coups les plus inat-
tendus, & fait les plus grands ravages.
Une Famille nombreufe femblait appuyer le Trône des Bourbons fur des
colonnes d'airain. Déjà l'orage le plus
violent renverfe nos efpérances; nos
malheurs nous apprennent à ne met-
tre jamais notre confiance en un bras
de chair. Il ne refte plus de cette
Race de héros, qu'un rejetton digne
de faire revivre fes ancêtres. Échappé
du naufrage, cet héritier des Bourbons arrive enfin au port de l'adolef-
cence, plaignant les perplexités de
fon augufte Bifaïeul, mort incertain

sur la deſtinée de ſes états. A peine a-t-il atteint l'âge de quinze ans, que la Nation, jalouſe de ſon bonheur, deſire l'alliance qui le lui a procuré. Les preſſentimens ne ſont pas un oracle trompeur : notre félicité a égalé nos vœux ſans ſurpaſſer nos eſpérances. L'heureux inſtant arrive, un Roi qui jouit du privilége des grandes ames en goûtant les délices de l'amitié ; ce Roi, dis-je, conſent à ſoulager l'empreſſement de ſon Peuple. Un Roi trop digne du Trône pour le regretter vient chercher un aſyle dans notre Cour : Louis devient ſon gendre. Une Princeſſe, modeſte ſans baſſeſſe, grande ſans hauteur, exacte ſans ſcrupule, ſublime enfin ſans prétention ; une Princeſſe qui a vu deſcendre ſon pere d'un trône qu'il ne devoit qu'à ſes vertus, va monter ſur le premier Trône du

monde. Marie de Pologne eſt deſti‑
née à Louis XV. A peine ces auguſtes
Époux commencent à ſentir leur em‑
pire mutuel, que la Nation idolâtre
de ſes maîtres, auxquels elle rend une
eſpéce de culte civil, témoigne ſa
joie par ſes fêtes, ſon bonheur par
ſes acclamations, ſes deſirs par ſes
vœux. Vœux louables dans leur prin‑
cipe: l'intérêt de l'État & celui de
l'Égliſe les inſpire. Vœux ſaints dans
leur ſujet: la vertu les forme. Vœux
grands dans leur objet: la naiſſance
du Prince dont nous pleurons la mort
les dirige. Vœux conſtans: quatre an‑
nées de perſévérance l'atteſtent. Vœux
enfin dignes de la Nation & du
Prince qu'on demande avec ardeur.
.... Il naît ce ferme appui du
Trône. On le reçoit comme cet Ange
de l'apocalyſe que Dieu envoie cou‑
ronné de l'arc-en-ciel, pour marquer

sa miséricorde. Sa naissance est une époque mémorable dans nos annales. Un Roi, né presque sur le Trône, devient pere. Sa joie nous annonce notre bonheur. Les temples du Dieu vivant qui dispose des couronnes, retentissent des cantiques d'actions de graces que la reconnaissance inspire. O Prince, votre naissance nous procure autant de fêtes que votre mort nous coûtera de regrets! Images importunes de la mort éloignez-vous de mon esprit; laissez-nous tromper notre douleur par une illusion qui nous console de nos larmes en les justifiant! l'astre bienfaisant qui vient d'éclore brille dans notre hémisphère. Le Monarque se répand en bienfaits: la Nation s'épuise en reconnoissances.

Les Francs nos ayeux occupaient le pays que nous habitons, terminé à l'orient par l'Elbe, au midi par le

Mein, au couchant par le Rhin, au nord par la Mer feptentrionale. Régner fur une étendue de pays fi confidérable: rare & brillante deftinée! ce fut celle de Louis. Avant qu'il connaiffe fes droits, il va apprendre fes devoirs, évaluer les humains avant que d'en être l'arbitre. Il fçait déjà qu'on eft homme avant que d'être roi, & que fon premier empire a pour objet fes defirs.

Notre Monarque, defirant de fe voir revivre dans fon Fils, n'oublie rien pour fon éducation. Réjouiffez-vous, ô notre Maître! vos vœux font fatisfaits ; déjà nous reconnaiffons dans Louis une portion de votre être, & l'image de votre ame bienfaifante. Loin ces préjugés inventés par l'oifiveté, qui veulent qu'un Roi ignore fes devoirs. Pour refuter ces vains fyftêmes, il fuffit de les expofer. Le

prince des Philofophes donna fes leçons au héros des Conquérans.

Un Évêque choifi par notre Monarque aura le privilége d'être le premier témoin de la rapidité de fes
progrès. Il confacre fes démarches
à notre édification. L'exemple d'un
Prince eft une leçon bien perfuafive;
Louis fçait que pour lui plaire, on
tâchera de lui reffembler : la vertu
feule a des attraits pour lui. Un par-
ticulier en facrifiant fes paffions, ne
facrifie fouvent que des chagrins ou
des defirs ; un Prince dont les paffions
font fouveraines comme lui, montre
par le facrifice qu'il en fait, une grandeur d'ame au-deffus de l'héroïfme.
Si nous ne pouvons atteindre ce pro-
félyte de la vertu, nous devons le
fuivre à une diftance proportionnée
à nos forces. Ses fuccès le flattent
moins que les efforts qu'ils nous cou-

tent. Dans le chemin des sciences les épines ne le rebutent pas; il répare le naufrage de nos connaissances. Je le vois en butte avec l'obscurité du sçavoir; son application déchirera le voile & le bandeau qui le cachent. Que de branches vont s'élever de cet arbre dont notre bonheur doit être le fruit!

Former, cultiver l'esprit, le créer presque; tel est le noble privilége du petit nombre d'hommes qui éclairent leurs semblables. Quel art que celui qui apprend à persuader plutôt qu'à convaincre, à insinuer les vérités avant que de les prouver. Que sera-ce que d'élever un Prince né pour le Trône? Se rendre son maître docile, unir les intérêts au devoir, faire trouver de l'amertume dans les fautes, tolérer ce qu'on ne peut ni empêcher ni permettre, consulter les conjonctures, réfifter quand il faut vaincre, plier quand il eft inutile de fe roidir. Un Prince écoute des confeils, tout ce qui eft ordre lui eft importun. Ainfi le courfier dompté qui vole dans une pénible carrière au gré d'un fage conducteur, fe cabre, s'emporte, renverfe & écrafe tout, lorfqu'une main téméraire le violente au lieu de le conduire. Mais pourquoi expofer des difficultés étrangères à l'éducation de Louis ? Son application que fon âge (difons tout puifque les préjugés l'exigent), fon application, que fon rang femble défapprouver, condamne l'indolence. En facrifiant fes plaifirs, il accufe hautement ceux qui leur facrifient leurs devoirs. Il fçavait qu'un Prince doit protéger le mérite ; il apprit à le connaître & à l'aimer. Je dis trop, fans doute: apprend-on à l'aimer? Modefte, il fe méfie de fes lumières. Il

n'a point la stupide infolence des ef-
prits ordinaires qui ne doutent pas
même de leur capacité, & qui, par
un excès d'aveuglement, ne le connaiffent plus. Heureux, fans doute,
ce Prince, qui comme Solon, ce fage
refpecté de la Gréce, a droit de dire,
que fes connaiffances augmentent avec
fes années !

La Religion invoque les Princes
comme fes protecteurs nés. Louis
fçavait qu'elle devait être le fondement
de fon Trône. Il comptait au nombre
de fes plus beaux priviléges, celui
d'être deftiné à être le Fils aîné de
l'Églife. Une fi belle prérogative, loin
de flatter fa vanité animait fon zéle,
il voulait être l'image de la fainteté de
Dieu comme celui de fa puiffance,
confacrer fa mémoire dans les faftes de
l'Églife & de l'État. Il n'ambitionnait
l'autorité que pour faire refpecter

celle de Dieu. Différent de ces Princes ingrats, qui, arrivés au faîte des grandeurs, oublient celui qui les a fait grands, il n'eut point laissé au Tout-puissant le soin de venger sa gloire pour n'en être jamais la victime.

Les Loix, ces sages protectrices du repos, ce lien social qui arrête l'audace par le desespoir de l'impunité, furent l'objet de ses études. Déterminé à les faire regner sur son Trône, il s'applique à les connaître. Trop humain pour s'exposer à punir l'innocence, la jurisprudence criminelle, cet article si délicat, si effrayant, lui fut bientôt connu. Il étudia dans notre code l'esprit & la mesure des loix penales. Gemissant sur la nécessité de punir les crimes pour les empêcher, il ne voulait s'en tenir qu'à lui-même.

La politique, ce ressort puissant de la société qui apprend la théorie des passions, doit être l'étude d'un Prince. Elle dépend de la connaissance des hommes. Elle exige, cette sagacité qui fait prévoir les obstacles & combiner les moyens, cette souplesse qui fait maîtriser les événemens. Ce n'est pas tant la pénétration d'esprit qui fait les hommes d'État, que leur caractère ; il suffit de connaître ses intérêts pour être politique. Ennemi de ces intrigues que la cupidité ou l'ambition ourdissent, Louis fit une étude sérieuse des hommes. Son caractere modéré favorisait ses observations. *Les passions*, disait-il, *rendent les peuples plus difficiles à gouverner, & elles augmentent l'autorité & les moyens de les conduire.* Il ne s'agit en effet que d'en fixer l'objet : elles ont toujours un motif sans aucun principe. Elles donnent de l'activité, quelquefois de la faiblesse, toujours des forces lorsqu'elles sont

bien

bien employées. Ainſi le vaiſſeau reſte immobile dans le calme, mais que les vents l'agitent même en ſens contrai-res, le pilote les aſſujétit, les dompte les uns par les autres, & en fait comme des ailes pour voler, avec ſa ville flot-tante, au terme de ſa navigation.

Dans ce ſiécle pervers l'humanité eſt devenue une vertu. Louis la poſ-ſedait dans le plus haut dégré. Trois infortunés ſoldats ont abandonné les drapeaux de leur Roi. Leur ſen-tence n'attend que le moment de l'exécution. Louis attendri ſur le ſort de ces malheureux, qui ont eu plus de faibleſſe que de malice, demande leur grace & l'obtient. Tel eſt le vé-ritable uſage du crédit! La bonté qui faiſait le fond de ſon caractère, le fit adorer de la Nation. Heu-reux les Princes acceſſibles aux hu-mains! Leurs regards ſont comptés au

B

rang des bienfaits. Louis avait cette
bonté primitive que le Créateur a
gravé dans nos cœurs comme l'empreinte de ses mains. Ses vertus socia-
les lui donnaient une urbanité de
mœurs qui semblait attentive à nous
plaire. Sans des ruisseaux de sang il eut
éteint cette anarchie féodale qui si
souvent a ravagé les États. Quelle
fureur barbare eut resisté aux bontés
de ce Prince , qui chérissait tendre-
ment les siens, & qui mettait de ce
nombre tout ce qu'il avait de semblables? Où sont ces Princes esclaves
de leur faiblesse, ces timides tyrans de
Syracuse qui, ensevelis dans leur pri-
sons dorées, faisaient sentir aux ex-
trémités de leurs États, le poids de
leur existence ? Louis se montre avec
cette affabilité qui enchante, avec
cet ascendant victorieux auquel tout
cède comme par instinct ; c'est un

aimant qui attire tous les cœurs ; c'eſt l'aſtre du jour qui reçoit les homma-ges & la reconnaiſſance de l'univers en s'approchant du pôle. Depuis quel-ques ſiécles la France caractèriſe ſes Rois par des ſurnoms qu'elle leur donne. Ce titre était prêt pour Louis XVI, qu'on eût appellé comme ſon auguſte Aïeul, *Louis le Bienfaiſant.* Titre moins faſtueux que ceux que l'orgueil invente, plus grand parce que les grands qui ſont héros par in-ſtinct, ſont rarement hommes ; plus flatteur : on ne le doit qu'à ſoi-même , plus étendu : il ſuppoſe........ que ſçais-je ?..... l'ame de Louis !

Les belles-lettres , auxquelles nous devons l'urbanité de nos mœurs , ou-vrent à Louis une moiſſon abondante. Il ſe rend familiers les princes de l'é-loquence de Rome & d'Athènes. Le ſçavoir, aſſocié avec les graces, lui fait aimer fes leçons. Enfin il s'étudie lui-même ; ce n'eſt pas ici une ame qui s'évite, un eſprit qui fe redoute : il fçait que fans la connaiſſance de foi-même, il n'y a point de folide vertu ; nos déſordres viennent de nos erreurs. Je le vois defcendre dans fon propre cœur. Rien n'échappe à fon examen, fi ce n'eſt fes vertus. Martyrs de la curiofité qui, connaiſſans la marche des aſtres, vous ignorez vous-mêmes, apprennez de Louis à acquérir cette fcience fi fublime, que les Payens eux-mêmes jugèrent, qu'il n'y avait qu'un Être fupérieur qui pût concevoir l'idée d'en faire un précepte !

Génie vaſte. Les bornes des fciences font le terme de fes connaiſſances. Eſprits tardifs qui croyez que la peine que vous avez à apprendre doit vous tenir lieu de fçavoir, apprennez de lui à chercher la vérité qui fe cache,

à triompher de l'opiniâtreté des sciences, qui seules peuvent nous rendre
ce qu'elles nous coûtent. Louis étudia
l'Histoire, non en curieux qui rappelle
des faits, mais en philosophe qui cherche les événemens dans leurs principes. Desireux d'imiter les grands hommes, il sera modéle à son tour.

Génie profond : il échappe à la dissipation au milieu du tumulte, il converse avec son esprit, le force d'être
lui - même. Les Mathématiques, ce
creuset de l'esprit, sont à sa portée ;
il analyse, il décompose tous les objets. Le flambeau de la vérité éclaire
sa pénétration : il voit son ame des
yeux de l'ame-même.

Conduite réglée par la vertu : l'austérité de ses devoirs ne le rebute pas.
Les pompeuses chiméres de la grandeur ne pûrent le séduire ; les flatteurs
sont les seuls qui puissent se plaindre
de sa sévérité.   B iij

La Nature nous fait souffrir nos maîtres avec peine ; ils s'éloignent plus par inutilité que par crainte d'importuner Louis. Il les aima toujours : jamais il ne fut ingrat ; les Bourbons sçauraient-ils l'être ? Ce Prince, accoutumé *à porter le joug du Seigneur depuis son enfance*, s'est fait une heureuse habitude de la pratique du bien. Ses grandes qualités ne furent pas éclipsées par des vices. Malheur trop ordinaire aux grands hommes ! Alexandre conquit presque le monde entier : la mort de Menander & la ruine de Thébes font oublier ses exploits. Mahomet, ce despote des consciences, était courageux ; il fut fourbe. Tamerlan, ce fameux Capitaine, après avoir été l'effroi de l'Asie, en devint la fable dès que le peuple fut délivré du bandeau de l'illusion & des entraves de la crainte. Genfiskan...... laiffons jouir fes cendres du repos dont il fut le perturbateur! Il femble que ces héros ont voulu confoler l'humanité de la fupériorité qu'ils avaient fur elle. Louis avait ce caractere d'héroïfme univerfel qui éclipfait par-tout l'homme. Héros jufque dans fes inclinations, jamais il ne s'attacha à des objets moins nobles que fa vertu & fon fang.

Ici rappellons le mariage auquel il fut deftiné. Une Princeffe qui avait toute la prudence de fa nation fans en avoir la roideur, toute la politeffe de la nôtre fans en avoir le fafte; une Princeffe digne de fes Ayeux dont elle vient perpétuer le fang, va partager notre bonheur. Le plus beau fang du monde revient à fa fource. Ces deux branches fe réuniffent au tronc dont elles defcendent. Combien de Héros vont naître de cette alliance, qui donnera à nos Maîtres le glorieux privilége d'être deux fois Bourbons ! Ceſſons de réaliſer un phantôme. Louis nous édifie toujours : il vécut avec ſon auguſte Épouſe en Prince chrétien. A ſes yeux le plaiſir ne devait pas être un fardeau quand il devenait devoir. Je n'entrerai pas dans le détail de ſes vertus : elles étaient le triomphe des dangers d'une Cour, ſéjour trop ſouvent funeſte à l'innocence. Son flambeau s'y éteint comme *l'étoile qui guidait les Mages s'éclipſa ſur la cour d'Hérode.* L'arbuſte rampant dans le ſein des vallées n'eſſuye point, comme le cédre, l'effort conjuré des vents, & les coups redoublés du tonnerre. Quel frein oppoſera un Prince à ſes paſſions ? elles ne trouvent pas plus de réſiſtance que ſes ordres, dans un pays où le crime a plus d'hypocrites que la vertu. Ses goûts font les loix des courtifans attentifs à démêler fes defirs, ingénieux à les prévenir, empreffés à les exécuter; la défiance de Louis s'oppofe à la réuffite des furprifes. Dans les fentiers de la vertu, c'eft elle, c'eft fon devoir qui l'arrête, ce n'eft pas l'impunité. Son mérite l'eût fait rougir à fes propres yeux : il n'appartenait qu'à fa modeftie d'éclipfer fa gloire par un éclat plus brillant.

Cette Capitale a été le théâtre de fes vertus. La réconftruction d'un nouveau temple du Très-haut l'invite à venir en pofer les fondemens. Eglife de Panthemont vous ferez un monument éternel de la piété de Louis! Le temps n'éffacera point les infcriptions qui l'atteftent. Murs facrés confervez toujours le fouvenir du Prince qui vous fit relever. Nouvel Efdras, il répare de fes mains les ruines du fanctuaire; nouveau Salomon, il y contribue par fes largeffes. Pourquoi remonter fi loin? Nous le vîmes, ce Prince, lorfqu'il accompagna nôtre augufte Monarque à la même cérémonie. Accoutumés à des prodiges, fa vertu ne nous furprit plus.

Louis apprend aux Sçavans qu'il leur eft permis de connaître tout, excepté leurs lumieres; aux Philofophes que la curiofité eft l'écueil de la foi; aux Princes, que la bonté ne les avilit point; aux Politiques habiles dans l'art de tromper, que la probité doit être leur régle; à la France, qu'elle a droit d'adorer fes Princes; à tous les hommes, qu'ils cherchent envain la félicité loin de Dieu, qu'ils ne fe félicitent jamais du fuccès d'une fi honteufe défertion. Tels atteints dans les forêts du trait qui les déchire: d'imprudens animaux croyent ſoulager leur douleur par la courſe, qui ne fait que l'aigrir. Il apprend enfin aux mondains que la paix n'habite point avec le crime, qu'ils ſont toujours troublés parce qu'ils n'ont pas le funeſte avantage d'être aſſez pervertis pour être tranquilles. Après avoir conſacré ſon enfance à notre édification , il va pendant le reſte de ſa vie travailler à notre bonheur.

SECONDE PARTIE.

PLAINDRE ses semblables quand on peut les secourir, c'est l'excuse du faible; faire des vœux quand on peut faire des efforts, c'est le partage du lâche. *Ce n'est pas avec des larmes,* disait Louis, *qu'on éteint un embrâsement.* Instruit de nos besoins, notre soulagement est un devoir à ses yeux. Sa générosité....... quel sentiment je vais célébrer! On peut n'avoir de la grandeur d'ame que pour soi : on ne pourrait se rendre l'objet de sa générosité sans lui substituer l'amour-propre. On peut être bienfaisant sans faire des sacrifices : la générosité les suppose. On n'exerce l'humanité qu'envers ses inférieurs : la générosité s'étend à tous. Elle est donc un sentiment auſſi ſublime que la grandeur d'ame, auſſi utile que la bienfaiſance, & auſſi tendre que l'humanité. A une ſi belle qualité, Louis joignait l'art de donner, qui eſt au deſſus des bienfaits. Suivons-le dans divers événemens de ſa vie; il ſera aiſé de s'appercevoir qu'il s'étoit fait une loi de notre bonheur.

Et d'abord je dois parler de ſes campagnes. Le louerai-je d'avoir été belliqueux par inclination? non je le dois à la vérité qui m'inſpire & qui m'écoute. Trop peu ambitieux pour ſacrifier ſa conſcience à ſes intérêts; obligé de combattre, il n'eut deſiré de vaincre que pour pardonner. Inſenſés, que faites-vous quand vous célébrez des Conquérans? diſait éloquemment un Ancien; vous applaudiſſez à des gladiateurs qui ſe diſputent le prix que vous réſervez à qui vous portera les

coups les plus furs & les plus terribles.
Redoublez vos acclamations & vos
éloges; aujourd'hui ce font les corps
fanglans de vos voifins qui tombent
épars fur l'arène; demain ce feront
les vôtres. Notre Monarque confent
que fon Fils faffe l'apprentiffage de
la guerre fous lui. Je le vois dans les
plaines de Fontenoy; l'aiguillon de
l'honneur le fait courir fur des épines.
Ici ce jeune Athléte va nous prouver
que la Nature fe paffe du temps pour
former les grands hommes, & qu'il
eft encore des héros nés. L'art mili-
taire eft l'inftrument des vengeances
du Ciel. Mortels infenfés, ne connaî-
trez-vous d'autre vertu que la foif
du fang humain? O politique, qui
crois les malheurs néceffaires, peux-
tu être une vertu!

Les grandes batailles font l'époque
des grands malheurs. Louis defire le

fpectacle d'un événement décifif pour le fort de la guerre. Notre Monarque veut tromper fon courage. Il défendit de l'éveiller le matin du grand jour où il fe montra à l'Angleterre accompagné de fa puiffance & de fa majefté. Pere tendre, vos foins font fuperflus; Morphée n'enchaînera pas Bellone. L'Hiftorien remarque qu'il ne fut pas néceffaire de l'éveiller. Poitiers vit autrefois un de nos Rois combattre avec fon fils : l'iffue de ces événemens eft bien différente !

Plus heureux que Louis le Grand, notre Monarque va mefurer fes forces en bataille rangée, avec les fiers & éternels ennemis de fa couronne. Les rives de l'Efcaut vont être les témoins de fa valeur. Le voilà arrivé au théatre du danger & de la gloire ! A peine le jeune Louis s'apperçoit que nos Troupes plient fous les coups de l'ennemi refferré dans une colonne, qui, en cachant fes pertes, paraît invincible, qu'il vole pour vivifier l'armée par fa préfence. O vous qui l'arrêtâtes dans le chemin de la mort, apprenez-nous la louable réfiftance que vous oppofa fon courage! On le ménace du danger de fa vie: *ma vie, s'écrie-t-il, ah! ce n'eft pas la mienne, c'eft celle d'un Général qui eft chere le jour d'une bataille.* La mort vaut mieux que l'ignominie; épargnez-moi la honte de votre défaite, ou laiffez-moi fuivre mon penchant. *Melius eft nos mori in bello quam videre mala gentis noftræ.* On le conjure au nom de fes Aïeux dont il doit perpétuer le fang, au nom de la France dont il veut procurer le bonheur...... O prodige! A ce mot il s'arrête. L'artillerie ennemie fillonne, éclaircit nos rangs: l'acharnement des Anglais donne un

degré

Mach. liv. I. c. 3.

degré de force à leurs efforts, & un degré de perfection à notre triomphe. La mort vole fur la tête du Roi (a). On conjure ces deux têtes illuftres de quitter leur pofte, que le canon ennemi foudroie : on implore leur retraite. La mort, qu’on fait craindre au Roi, ne l’épouvante pas ; Louis feconde fon courage. Les Bourbons ne fçavent fuir que l’opprobre de la fuite. L’efpérance renaît, le courage fe ranime, le défefpoir difparaît… la bataille eft gagnée. Une armée peut tout, lorfque fon ame eft un grand Roi ! le triomphe n’éblouit pas ceux que le danger n’a pas effrayé. Nous devons, fans doute, le gain de la bataille de Fontenoy à l’infléxible cou-

______

(a) Les boulets qui tombaient près de lui, le couvrirent de boue, ainfi que M. le Dauphin ; un domeftique de M. d Argenfon fut tué derriere eux. Le Roi ne parut jamais plus gai : un boulet tomba à fes pieds. *Renvoyez-le aux Anglais*, dit-il à M. le Dauphin, *je ne veux rien avoir à eux.*

C

rage du Roi, témoin & acteur de cette fameuse scene, qui immortalisera son régne.

A l'ombre de ses lauriers, Louis repose en paix. Fier avec lui seul, il se respecte trop pour oser se manquer. Il est trop jaloux de notre bonheur pour n'être point l'ami de la paix : il a appris que les grandes révolutions sont nuisibles ; le succès lui-même ébranle les fondemens de l'autorité. Après mille revers, la vertu paraît triomphante de cet amas de contradictions qui fait le caractere de l'homme : elle se montre, pour recevoir les hommages de l'Univers, assise sur les débris des empires. Louis veut notre bonheur : ses vues pacifiques sécondent ses desirs. Rois de la terre, Dieu vous a établi ici-bas ses substituts & ses représentans ; ce n'est pas uniquement pour y donner, vous

devez y répandre des rofées bienfai-
fantes !

La fubordination & l'ordre font
des biens dont on ne contefte pas la
néceffité. Louis, toujours empreffé à
procurer notre bonheur, n'oublie rien
pour le procurer : il n'ignore pas qu'un
des plus beaux priviléges des Princes,
eft de travailler au bonheur des peuples lorfqu'ils cherchent à s'en faire
aimer. L'amour du Souverain eft le
principe de la tranquillité, & le nœud
du lien focial. Lorfque les Princes fe
font aimer, on doute prefque s'ils ont
été faits pour la fociété, ou fi la fociété n'a pas été faite pour eux. Forcer les paffions à leur pardonner d'être
leur maître : à ces traits je reconnois
le privilége des Bourbons !

Dira-t-on que ces biens qui tien-
nent à l'opinion font des chimeres ?
l'opinion fait, il eft vrai, le fupplice

du sage & du vulgaire : elle concilie souvent aux apparences de la vertu, le respect qu'elle refuse à la vertu même. La calomnie même respecta les belles qualités de Louis. Qui se défendra de ce monstre, s'il est armé du bouclier impénétrable de la tyrannie ? le secret. Louis fut à l'abri de ses traits envenimés. Triste situation des Princes ! ils font les premiers sujets du caprice. Peu d'hommes les connaissent, presque tous les jugent. Je ne suis plus surpris de ce concert de sentimens qui nous fit aimer Louis. Le méchant disputerait-il ce droit au mérite ? pourrait-il résister à ses charmes, s'empêcher de l'aimer ? la clémence nous pardonne ; la libéralité se dépouille pour nous ; l'humilité céde à nos prétentions ; la tempérance respecte notre honneur, nos plaisirs même ; la justice défend nos droits ; la valeur affure notre repos; la prudence nous conduit; la fcience nous éclaire; la modération nous épargne; la charité nous enrichit. Cœurs corrompus, vos vices feront-ils toujours le fondedement de l'eftime que vous avez pour la vertu? celle de Louis eft l'ouvrage de la religion: notre bonheur en fera plus folide. Eh que font M. les vertus fans la religion? La patience fait des opiniâtres, le courage des téméraires, le fçavoir des orgueilleux, la prudence des politiques, des foupçonneux, des fourbes....... l'honneur, la vertu même ne font que des noms durs & triftes fans la religion, qui, fans elle-même, ne ferait qu'une folie puérile.

Ofons rouvrir une plaie que notre amour-propre fait faigner encore. Louerai-je Louis d'avoir tremblé à l'approche du Trône que la mort allait lui dreffer ? d'avoir plus écouté la voix de la nature que celle des paffions ? Hélas, fes larmes étaient une dette : l'héroïfme eft à plus haut prix ! notre Monarque fe vit fur les bords du tombeau. Des Alpes jufqu'au Pyrénées..... des bords de la Mofelle jufqu'aux rives de la Seine........ Louis témoin de nos inquiétudes demande en fanglotant la converfation d'un Pere, que notre amour nous rend commun avec lui. Le Ciel a voulu que nous lui duffions une partie de notre félicité, & que ne pouvant être l'auteur de notre bonheur, il en fut le médiateur, en obtenant à la France la confervation du bon Trajan qui la rend heureufe.

Dieu fçait donner aux conditions les plus élevées leur contrepoids. La grandeur qu'on admire de loin, touche moins quand on y eft né, & fe confond dans son abondance. La vertu de Louis va résister à l'épreuve la plus terrible. Loin d'ébranler un Héros chrétien, les disgraces affermissent sa vertu; Louis goûtait les délices d'une alliance dont elle formait le nœud. Mort, mort! ne laisseras-tu un reste de vie à ce Prince que pour lui en faire sentir l'amertume! elle frappe le bras qui seul ne s'empresse pas à le désarmer : Mme la Dauphine meurt; Louis se voit à moitié dans le tombeau. La douleur l'afflige sans l'abattre, il sçait qu'attribuer les événemens au caprice bifarre de la fortune, est la ressource ordinaire de l'imprudence & l'écueil de la stupidité. Sa patience étonne ceux que sa douleur afflige. Seigneur, s'écrie-t-il, vous me privés de l'objet de ma tendresse, du gage de vos bontés, du modéle de ma conduite!... eh bien, ô mon Dieu, j'adore la main qui s'appéfantit fur moi! *Ob-mutui quoniam tu fecifti.* Pardonnez les larmes que la douleur me fait couler : votre triomphe fera plus parfait! Quand vous me puniffez, je dois vous appaifer par ma foumiffion. *Obmutui quoniam tu fecifti.* Une réfignation ainfi fubordonnée, annonce l'héroïfme de Louis. Dans fon malheur, il pleure le nôtre. C'eft à regret qu'il perd cette époufe qui devait concourir à procurer notre bonheur. La Nature lui donne un cœur tendre : ce préfent funefte ne fert qu'à augmenter fes douleurs. Il n'eft que trop ordinaire de trouver des cœurs Stoïciens & infenfibles ; mais celui qui, comme Louis, a affez d'ame pour fentir le coup & pour réfifter à l'abattement, affez de patience pour fe défendre du plus léger murmure, affez de raifon pour arracher le trait qui le bleffe....

celui enfin qui, comme Louis, écoute la douleur & en triomphe. Ah, pardonnons à ce Mortel d'oser prétendre à l'héroïsme!

A peine Louis, aidé de la religion, commence à se consoler de cette perte, qu'on pense à l'en dédommager. Une Princesse digne de lui, va lui être unie par les liens les plus sacrés. Il s'y prépare avec ferveur, parce qu'il en connaît la sainteté, avec réflexion parce qu'il en connaît les devoirs, avec peine parce qu'il en connaît les dangers. Ame de Louis, notre bonheur est à son comble. Nos vœux sont satisfaits par la naissance de M. le Duc de Bourgogne. Quel Prince le Ciel vient de nous accorder! Homme dans une âge où on porte encore l'empreinte du néant, instruit avant le temps des études, né avec ces qualités heureuses qui peignent les arbitres des humains. Senfible avant la maturité du cœur........ en un mot un Bourbon ! Je m'arrête en traçant fon portrait; pourquoi réveiller notre douleur, en en célébrant le motif. O mort, trop fouvent tes coups nous furprennent ! l'habitude de les effuyer, loin d'en amortir l'impreffion, la rend plus douloureufe. Réfervons les larmes que la trifteffe nous arrache; comptons des momens qui nous font bien chers: admirons encore une vie que notre bonheur occupa : jouiffons de notre illufion jufqu'à la fin de fes jours. Alors, puifqu'une fatale néceffité nous y condamne, alors nous pleurerons fa mort par reconnaiffance !

Perfuadé que le bonheur du Prince dépend de celui des autres: il fe confacre entiérement au bien public : il s'occupe de l'étude de fes devoirs, c'eſt-à-dire de notre félicité. Paraît-il au Conſeil ? il eſt le Protecteur du peuple.

Protecteur éclairé : d'un coup d'œil il embraſſe la circonférence de l'État. Les moyens qu'il fournit, ſont le réſultat de ſes combinaiſons approfondies dans le ſilence du cabinet. Ce Prince ne parut jamais à cette aréopage , ſans avoir mûrement examiné l'objet de ſes délibérations. Son répos, ſes plaiſirs, tout eſt ſacrifié quand ſes devoirs l'appellent ; cette tranſgreſſion lui paroîtrait le plus grand crime. Nouvel Henri, il épuiſe ſes lumieres, avant que de conſulter celles des autres.

Protecteur ſage : il défend le faible contre l'oppreſſion du puiſſant injuſte. O vous qui gémiſſez dans la miſere, intéreſſez Louis! il vous ſoulagera bientôt ce Prince, qui comme

Titus, Trajan, Marc-Auréle ou Louis *le Bien-aimé*, croirait perdre une journée qu'il pafferait fans faire du bien.

Protecteur empreffé : cette protection ne confifte pas en cette orgueilleufe patience qui fait qu'un grand mécontent par état de tout ce qui l'approche, permet qu'un malheureux lui expofe fes calamités, pour goûter, peut-être, le barbare plaifir d'affouvir fon inhumanité par ce contrafte d'inégalité. Non, cette protection ne confifte pas en cette bonté cruelle qui fe croit quitte du fervice par des promeffes vagues qui aboutiffent à des excufes qui ne font que l'apologie du menfonge. Louis combine avec un infortuné, des moyens d'accelérer fon foulagement. Et cette protection il ne la borne point aux malheureux : la religion en fent les effets. Chaque jour il eft l'organe de fes gémiſſemens auprès du plus religieux des Monarques. De quel œil regarda-t-il cette ſecte menſongere dont pluſieurs partiſans ne ſçavent que le nom, que pluſieurs ſages ne connaiſſent que par le ridicule dont elle s'eſt couverte en achetant des préſtiges?

Rien ne diſtrait Louis de ſon application à notre félicité. Une Famille nombreuſe eſt le prix de ſes vertus. Quel délicieux plaiſir doit goûter ce Prince que la tendreſſe de la nature & la voix du Patriotiſme, viennent flatter à l'envi des doux noms de ces titres chers & ſacrés de Pere & de Citoyen! Il compte les progrès des ſupplémens de ſon exiſtence; leur conduite peint en action l'hiſtoire de ſon enfance. Ennemi de cette vaine oſtentation qui fait craindre aux grands de s'avilir en veillant à l'éducation de leurs enfans, Louis s'y livra avec plaiſir.

Rien ne lui coûtait lorſque notre bonheur devait être le prix de ſes peines.
O vous à qui ces dépôts ſacrés ſont
confiés, continués à forcer la Nation
d'applaudir à vos ſuccès !

Malgré moi la ſuite des événemens
me rapproche de la maladie de Louis.
La valeur forme les Héros profânes :
la patience va faire de Louis un
Héros chrétien. Je vois de loin les
meſſagers de la mort : les incommo-
dités d'une maladie naturelle ſe font
ſentir. Nos paſſions qui conjurent notre perte n'ont pas affaibli ſon tem-
pérament, il n'interrompt point ſes
applications ordinaires. Il eſt ſi beau,
ſi grand, ſi flatteur de faire du bien,
que Louis ſent qu'il ne fallait rien
moins que le précepte d'un Dieu pour
en faire un mérite ! Les malheureux
ne s'apperçoivent pas que pour les
ſoulager, ce martyr de la bienfaiſance

va le devenir. Sa bonté le tyranife ;
ce n'eft point une de ces bontés cruel-
les qui nuifent lorfqu'elles favorifent,
& qui pour avoir pitié d'un malheureux en font cent autres. Louis fçait :
il publie qu'il doit être bon, fans cef-
fer d'être jufte. Ces deux vertus font
en effet co-rélatives ; la bonté fans la
juftice eft faibleffe ; la juftice fans la
clémence eft dureté. Que ne puis-je
raffembler ici les malheureux qu'il fe-
courut. L'un lui doit fa liberté, l'autre fa vie, celui-ci fon repos, celui-là
fon honneur, plufieurs le féjour de
leur patrie. Quelle reffource n'offre
pas fa charité ? Généreufe : elle eft
auffi illimitée que les befoins. Modefte :
elle prévient quelquefois les defirs :
auffi attentive à cacher fes dons qu'à
les multiplier ; elle ménage les intérêts
& la délicateffe ; elle donne avec ces
égards, ces réferves, j'ai penfé dire

avec ce respect de précaution, qui ne diminuant point l'avantage du malheureux, lui laisse le plaisir de trouver en lui épargnant la honte de recevoir. Louis sçavait, que rien n'est plus redoutable que la misere ; elle ouvre la porte à la licence, avec autant de fureur que la prospérité. Ses bienfaits étaient les épargnes de quelque chose de plus que son économie. On pouvait surprendre sa charité, mais non pas l'épuiser ; il aime mieux faire plusieurs ingrats que d'abandonner un seul malheureux. Plusieurs fois il a fait distribuer ses aumônes par les Pasteurs de cette Capitale, parce qu'ils étaient plus à portée de connaître les vrais besoins. Qu'il est grand de ne demander d'autre reconnaissance à ceux qu'on soulage, que l'espéce de satisfaction qu'on trouve à ne connaître pas son bienfaiteur. Lorsque sa charité réunis-

sait

fait ſes forces, la miſere fuyait de tous côtés ; tels les rayons épars du Soleil donnent toujours de la lumiere ; mais, lorſqu'un miroir ardent les raſſemble dans le centre d'un même foyer, ils ont cette activité brûlante, à laquelle rien ne réſiſte. Qu'annoncent ces craintes de la France ? Louis n'eſt plus, ce Prince vigoureux, qu'une ſanté robuſte rendait reſpectable à la mort. Le mal fait des progrès : tout change autour de lui, il eſt toujours le même (a) ; je n'en ſuis pas ſurpris : l'égalité d'ame eſt le caractere du Sage. Il s'exerce encore aux exploits militaires ſous les yeux de notre auguſte Monarque. Compiégne admire & reconnait le Héros de Fontenoy. On voit par l'ha-

(a) .... *Velut rupes altum quæ prodit in æquor,*
Obvia ventorum furiis , expoſtaque vento ,
Vim cunctam atque minas perfert cælique mariſque,
Ipſa immota manens. . . . .
Æneid

D

bileté qu'il montre dans les évolutions des Troupes qu'il commande, que sa valeur ne manque que d'ennemis. Nos allarmes accompagnent notre admiration. Une alternative terrible nous fait flotter entre l'espérance & la crainte. Tranquille au sein de la tempête, Louis mérite de vivre; c'en est assez pour qu'il ne craigne pas de mourir. Que la Philosophie avec ses ressources orgueilleuses nous fournisse un si bel exemple de résignation. Ah! si elle guérit d'un vice, ce n'est qu'aux depens d'une autre vertu! Le danger augmente, les Temples du Très-Haut retentissent des cris sanglotans des Français. O mon Dieu, serez-vous sourd à nos gémissemens! Ne nous avez vous donné un si grand Prince, que pour nous le montrer & nous le ravir? Serez-vous insensible à nos malheurs, à nos besoins & à l'ardeur de nos vœux?

Nous vous supplions.... Nous n'existons que par le sentiment !.... Pouvons-nous espérer le succès de nos prieres ? Louis refuse d'y joindre les siennes. Le Tout-puissant exaucera ses vœux, sans essuyer nos larmes. Ecoutez-le lui-même ; *quand même je serais maître d'opter entre la vie & la mort, je sacrifierais mille vies pour satisfaire le desir que j'ai de voir Dieu.* Qu'entends-je ? Est-ce un Anachoréte crucifié dans les déserts de la Thébaïde ? C'est l'héritier présomptif de la plus belle couronne du monde. Il quitte la vie sans peine..... Je me trompe ; *il est dur,* s'écrie-t-il, *de mourir sans faire des heureux !* Trône, Trône, il est permis de te regretter quand c'est pour l'intérêt des autres ! Ce sentiment suffirait pour un autre Éloge : Il fut ordinaire à Louis, plus jaloux de notre bonheur que de sa vie. Le danger augmente ; la consternation est peinte

D ij

sur tous les visages. Il souffre patiem-
ment & les douleurs de la maladie, &
les secours de l'art plus douloureux
encore. Murmurera-t-il contre la main
qui le frappe ? Il ne demande ni la guérison, ni la mort : il ne désire que la force
de souffrir. Son corps est un océan de
douleur, & sa langue bénit l'auteur de
ses peines. Supérieur à lui-même, il
est quelquefois insensible à la douleur,
& semble s'élever en extase par la ferveur de ses prieres. Pleurez Français,
pleurez le danger d'un Prince, dont
les derniers soupirs sont des vœux pour
votre bonheur. Plus affligé des péchés
qu'il a commis, que des maux qu'il en-
dure : il s'oublie pour ne s'occuper que
de nous ; sa voix défaillante s'adresse
encore à Dieu. *Répandez* , lui dit-il,
répandez sur ce Royaume vos bénédic-
tions & vos graces les plus abondantes.
Le Roi qui l'honorait *de sa tendresse*

& de son estime (a), vient arroser de ses larmes le théâtre de l'affliction. Louis qui ne refuse sa pitié qu'à ses maux, lui dit baigné de ses larmes dans un transport héroïque : *O mon Pere, j'apprendrai à mourir sans peine ; je ne m'accoûtumerai jamais à vous voir souffrir.* Sentiment, sentiment, tu es le plus beau triomphe de la nature! Nourri du pain des forts, il attend la mort comme un soulagement. Un autre Blanche.... une Mere.... J'ai tout dit, c'est la sienne, vient nourrir sa douleur & se consoler par ses larmes. Je vois une Epouse..... des Enfans. Je m'arrête..... La tendresse de nos Maîtres est assez connue ; mon cœur se refuse à ce souvenir ! Ciel d'airain que faut-il pour vous fléchir ? La France entiere se punit du malheur qui la ménace. Un Soldat se condamne au jeûne

(a) Dans sa Lettre circulaire aux Evêques.

& fait l'aumône de sa solde pour obtenir la guérison de Louis. Trop appuyer sur un si beau trait, ce serait l'affaiblir. Malheur à quiconque aurait besoin de ce secours pour l'admirer! L'immortalité ne devrait-elle pas être l'appanage ou le privilége d'un Prince modele & bienfaiteur des humains? Hélas! Louis est mort sans regrêts.... Que sa mort nous en coûte! qui de nous n'a plus besoin de consolation; que de sensibilité?

Que de traits de réssemblance j'apperçois entre le Prince que nous pleurons & celui que pleurerent nos aïeux! Fils uniques de deux Rois, ils signalerent leur valeur sous les yeux de leur Pere à Dôle & à Fontenoy. Estimés de la Nation, ils mériterent d'elle par leur bienfaisance; trois Fils ont été leur postérité commune. La mort leur a creusé un tombeau entre deux Trônes : deftinés à porter le fceptre, ils naquirent & moururent premiers Sujets. M. le Grand Dauphin était bouillant, emporté : M. le Dauphin était plus modéré, plus égal. L'un avait par intervalles & par occafion, ce que l'autre avait par habitude & comme par inftinct. Le premier paraiffait quelquefois infenfible : le fecond n'avait pas ces viciffitudes d'humeur ; il donnoit par tendreffe ce que l'autre accordait par compaffion. Celui-là prodiguait fes dons pour fe difpenfer de les répandre : celui-ci étudioit les befoins pour ne prodiguer jamais fes largeffes ; comme un nuage falutaire, il empéchait par des rofées fréquentes, les incendies, que l'autre éteignait, comme ce fleuve qui arrofe les campagnes par fes débordemens. Celui-ci fe livra à l'ardeur des conquêtes ; celui-là se contenta de montrer qu'il pouvait être Conquerànt. L'un bravait la mort, l'autre s'y préparait de sang froid.

La mort qui soumet les Potentats de l'Univers, nous a enlevé ces deux Princes. Seuls, avec leurs vertus, ils ont été jugés au Tribunal de l'Éternel. Ont-ils trouvé place sur son Trône ? Abymes sacrés de la justice de mon Dieu, vous ne nous permettez que de l'espérer ! La mort, célébre par les malheurs qu'elle procure, est donc le terme de ces grandeurs frivoles que nous encensons ! Ce corps de boue que nous adorons, est donc la pâture des vers ! le tombeau est donc le même pour ceux qui habitent les palais & les chaumieres ! O Dieu, ô Dieu ! que vous paroissez grand à cette derniere heure ! les Princes meurent

comme

comme le reste des hommes : le cédre du Liban tombe comme l'arbrisseau qui croît à son ombre. Depuis la création du Monde, chaque siécle voit renouveller la face de la terre. L'astre qui nous éclaire, luira peut-être aujourd'hui même sur le tombeau du genre humain. La perte que nous avons faite n'est pas irréparable, graces à la Providence : M. le Dauphin nous a laissé un Fils héritier de ses droits & de ses vertus. *Mortuus est pater ejus & quasi non est mortuus* Eccl. c. 30. *similem enim reliquit sibi post se.* Il nous a laissé un Fils que ses exemples & ses conseils rendront son image (a) : il nous a laissé M. le Duc de Berry, *& ne soyez pas surpris, si j'ai attendu de vous en parler à la fin de mon discours :*

(a) .... *primo avulso, non deficit alter
Aureus, & simili frondescit virga metallo.*
       Æneid.

E

c'eût été faire d'un mot le panégyrique du Pere que de nommer le Fils. Heureuse, sans doute, heureuse la Nation qui peut faire une aussi grande perte, & la réparer si facilement !

www.ingramcontent.com/pod-product-compliance
Lightning Source LLC
Chambersburg PA
CBHW051142050726
47594CB00003B/1207